ANIMALES QUE NADAN

ADULTOS PARA COLOREAR
LIBRO DE PESCADO EDICIÓN

Coloring Bandit

Publicado por Speedy Publishing Canada Limited

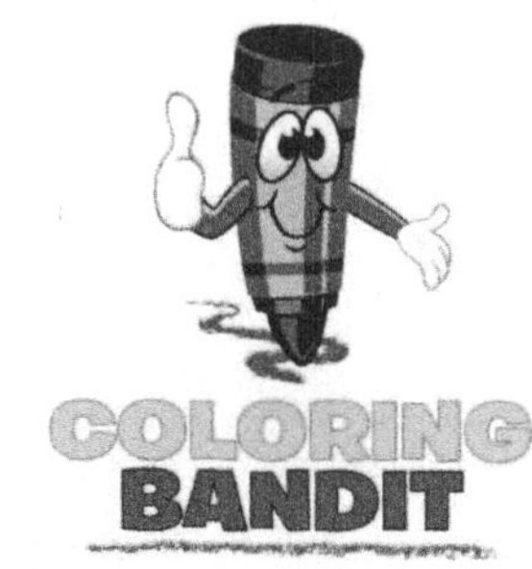

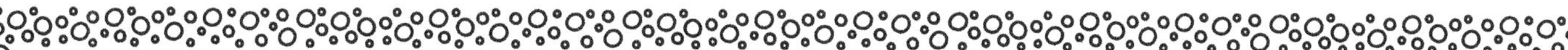

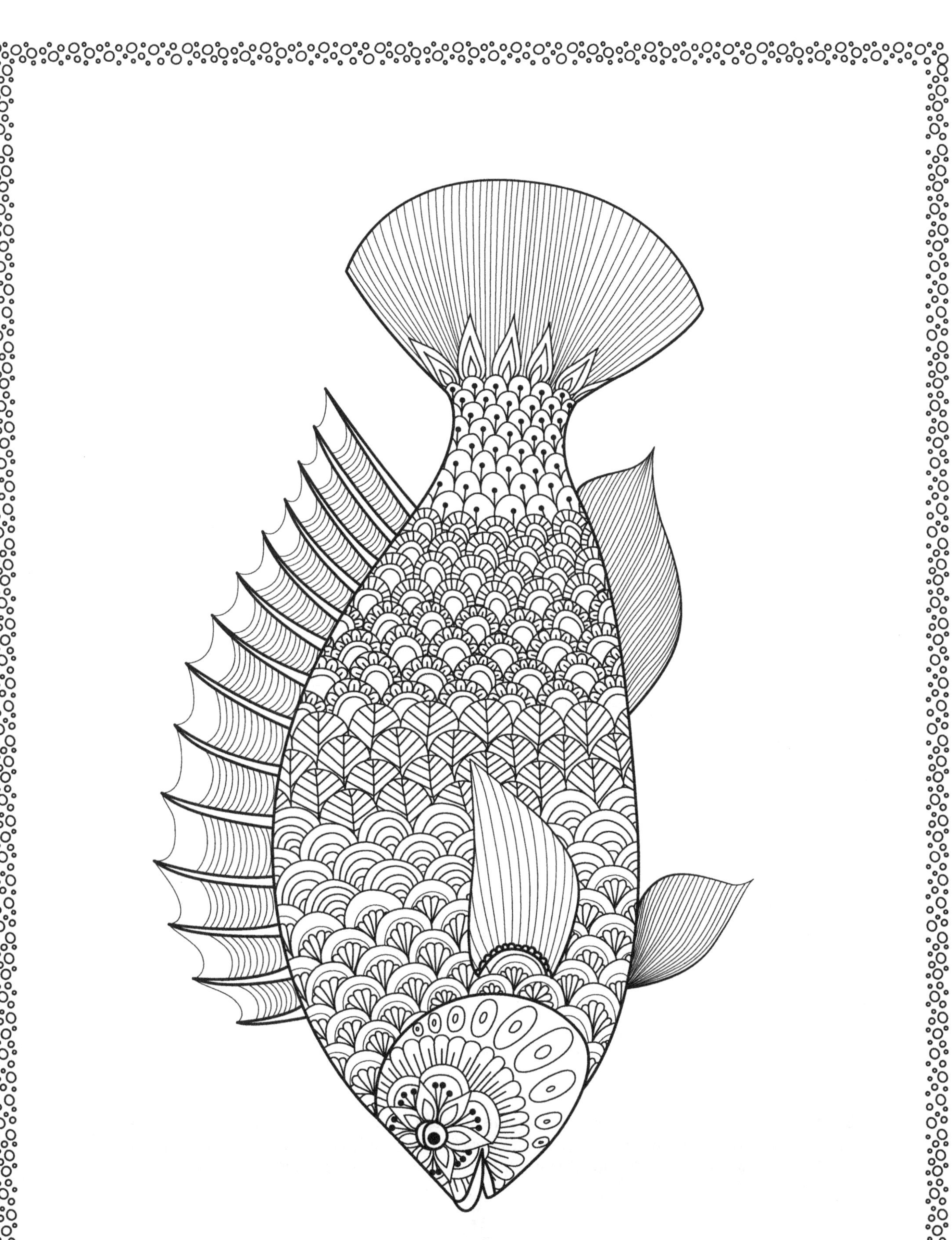

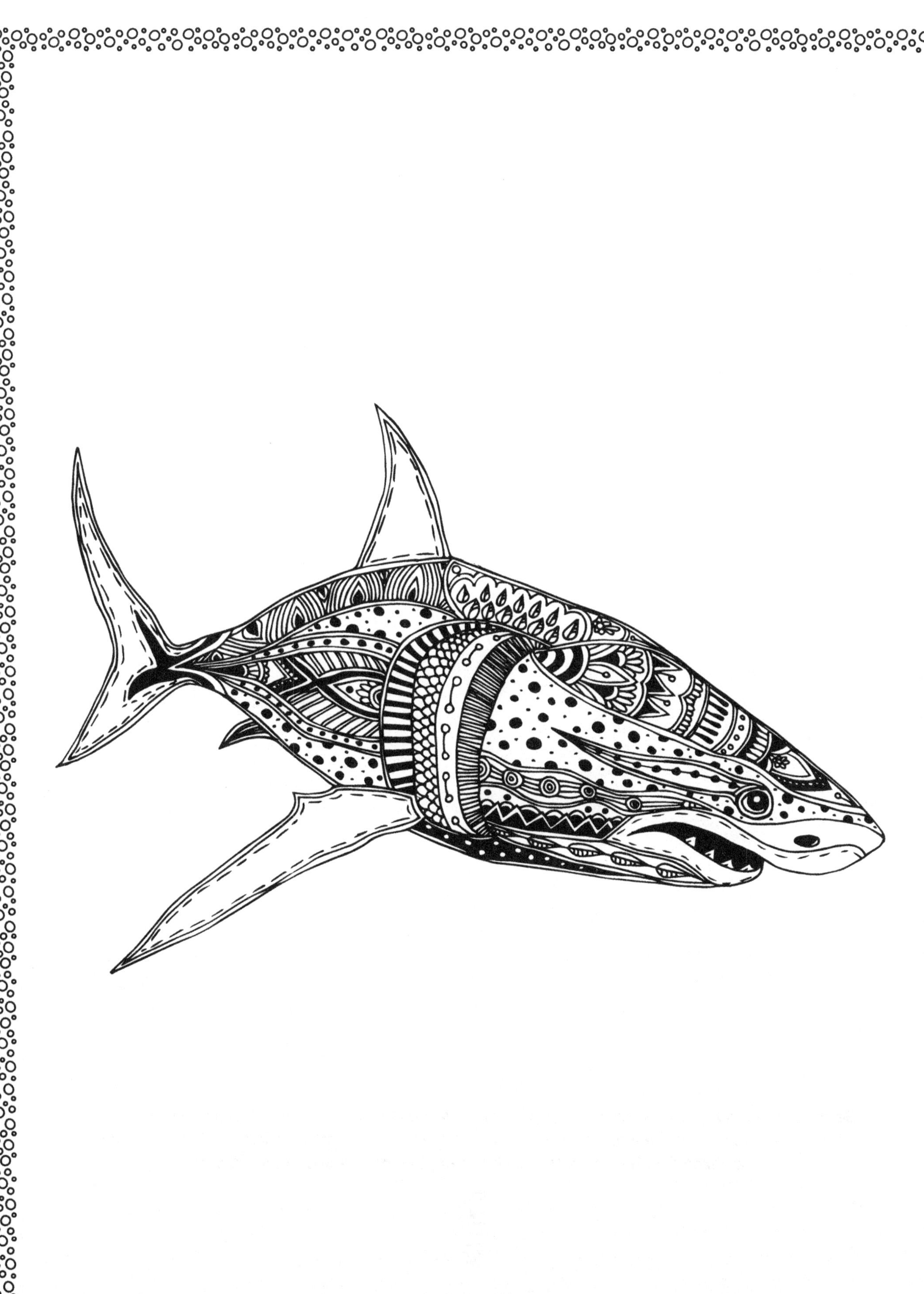

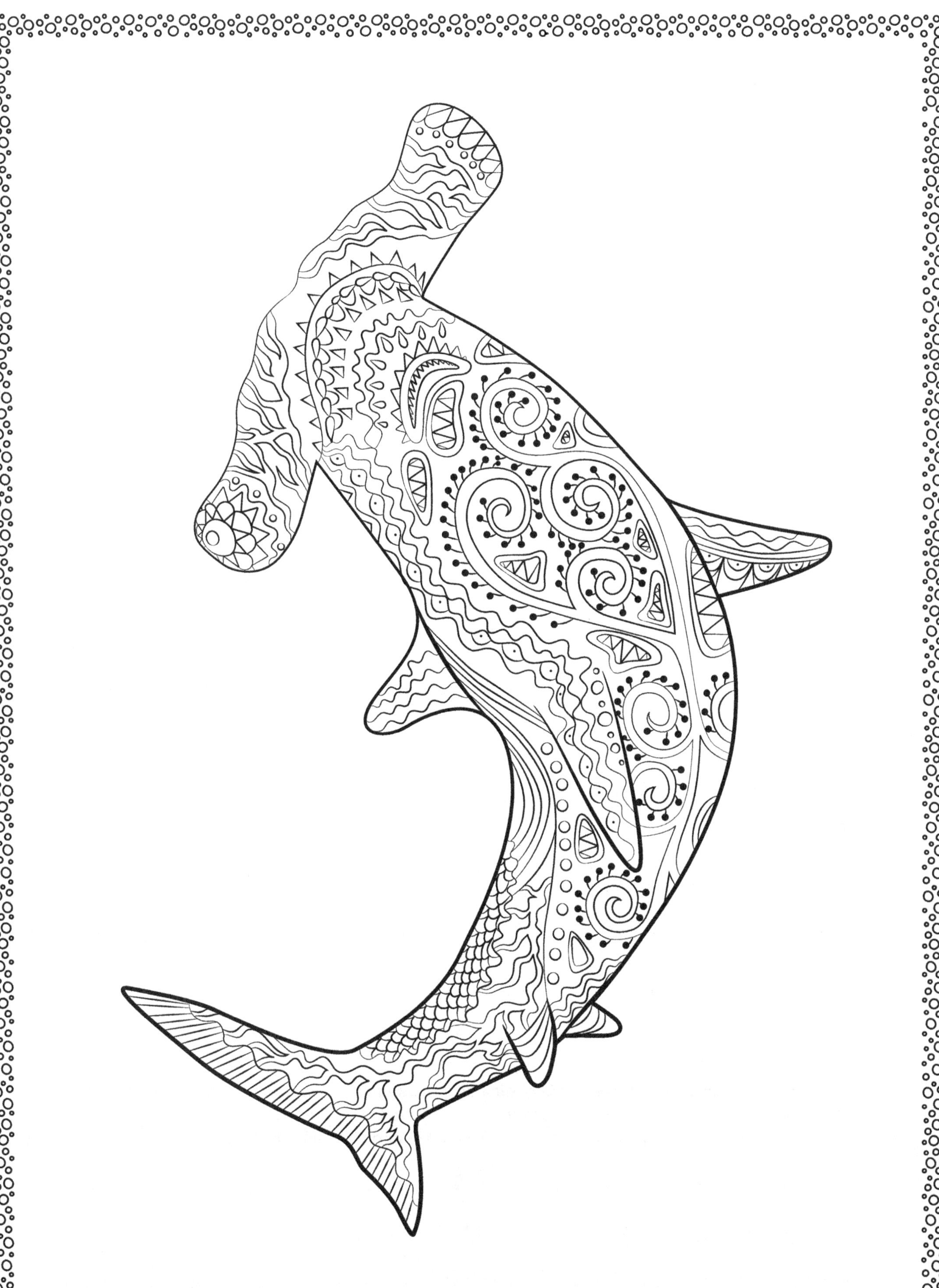

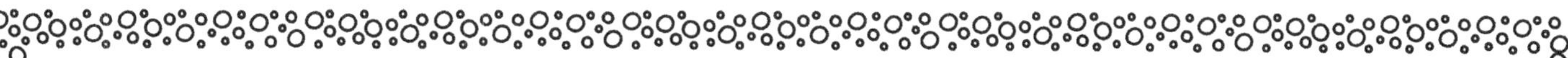

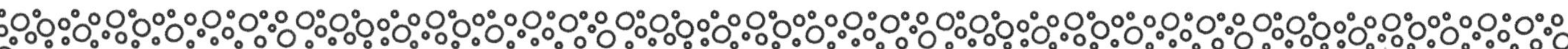

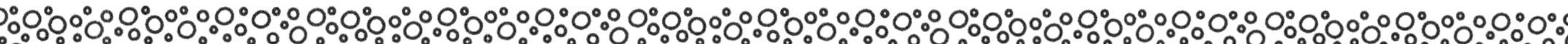

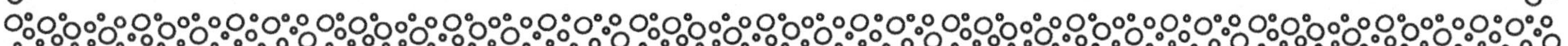

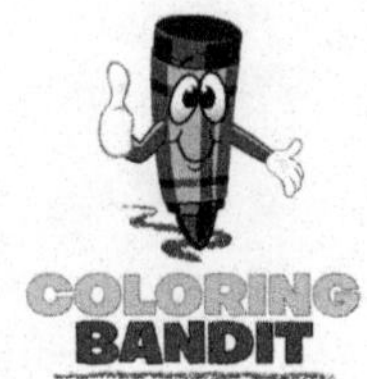

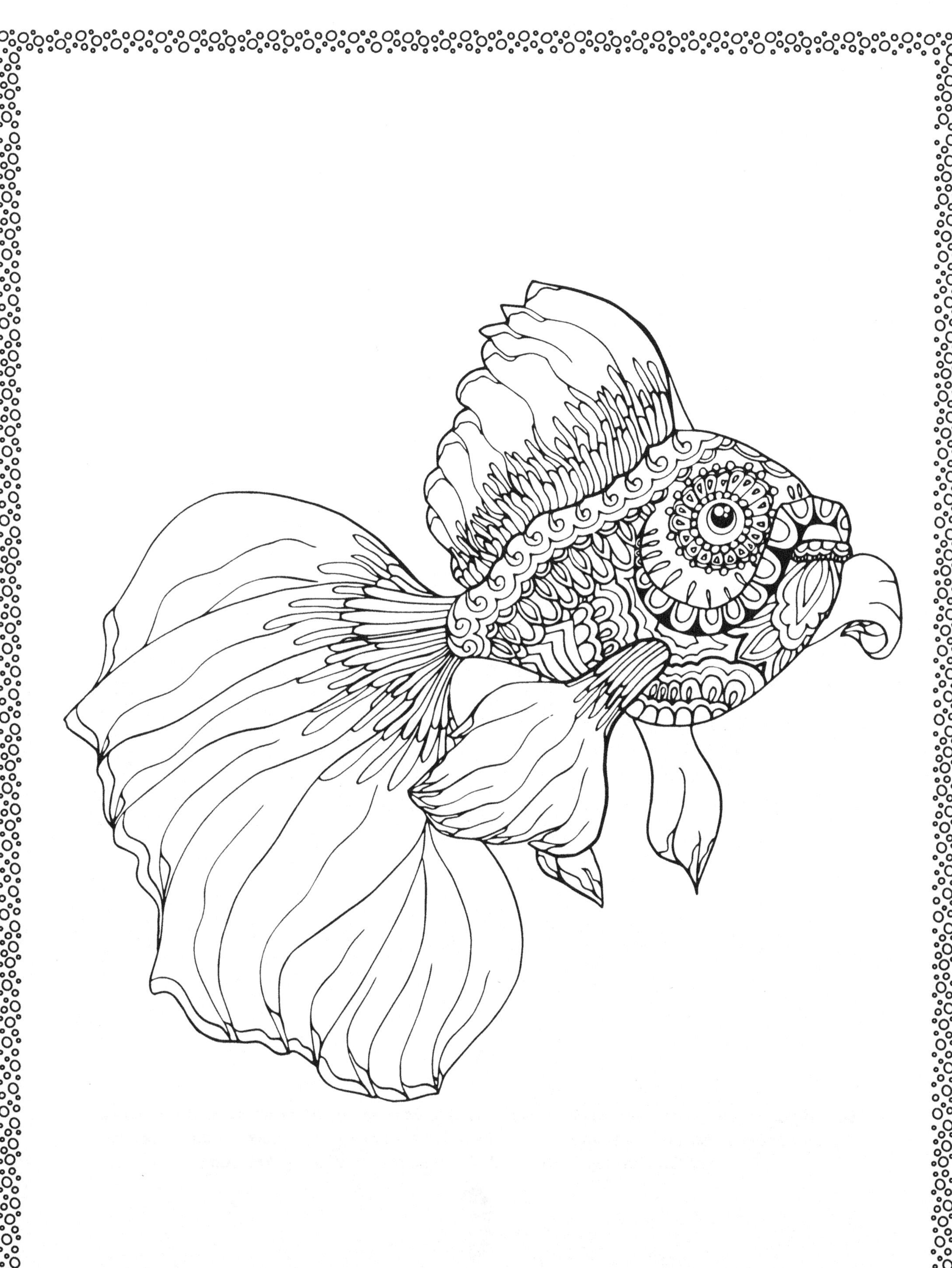

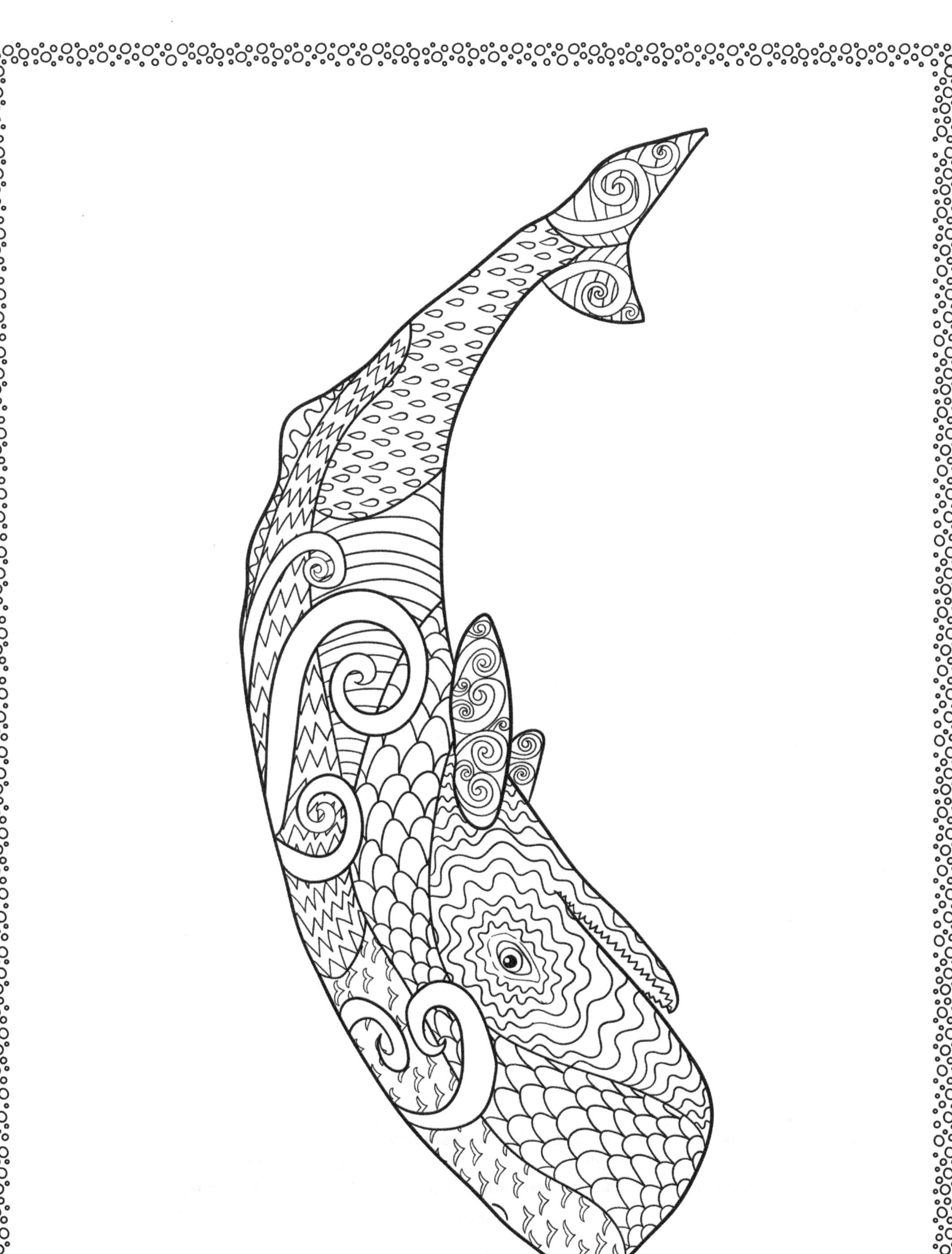

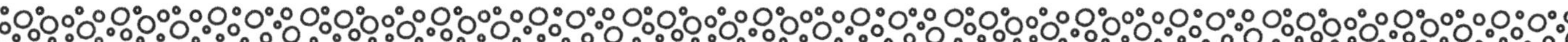

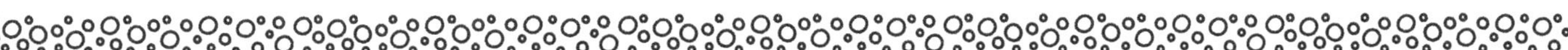

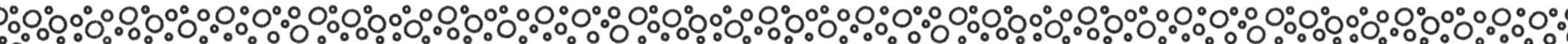

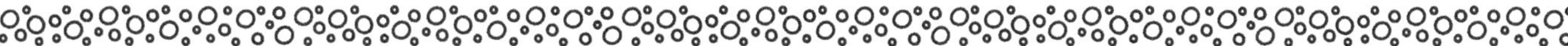

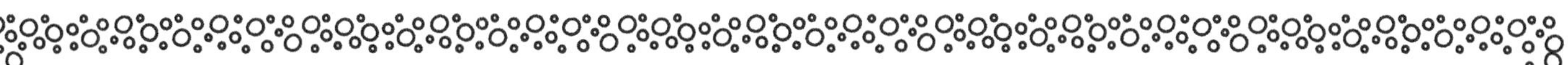

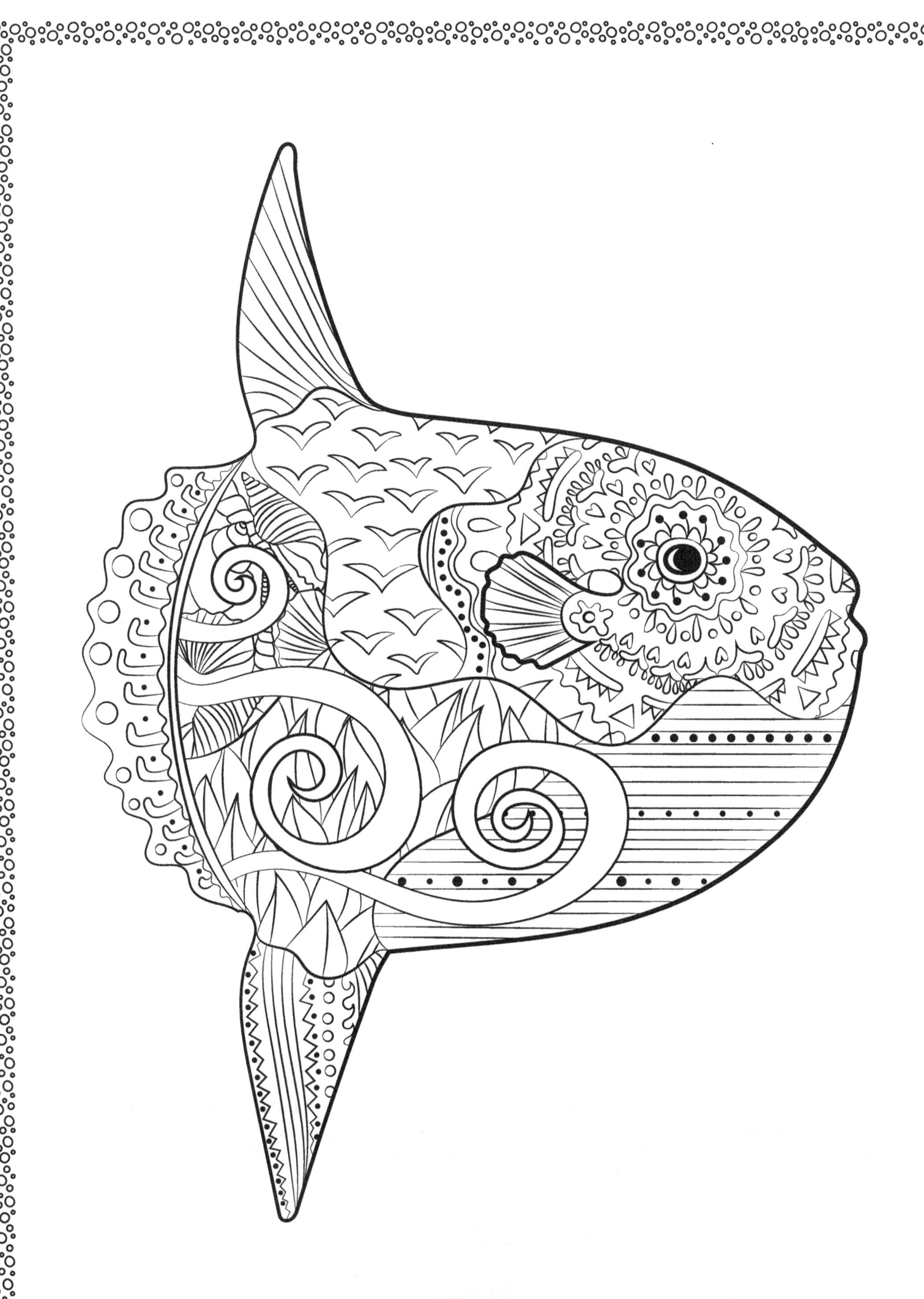

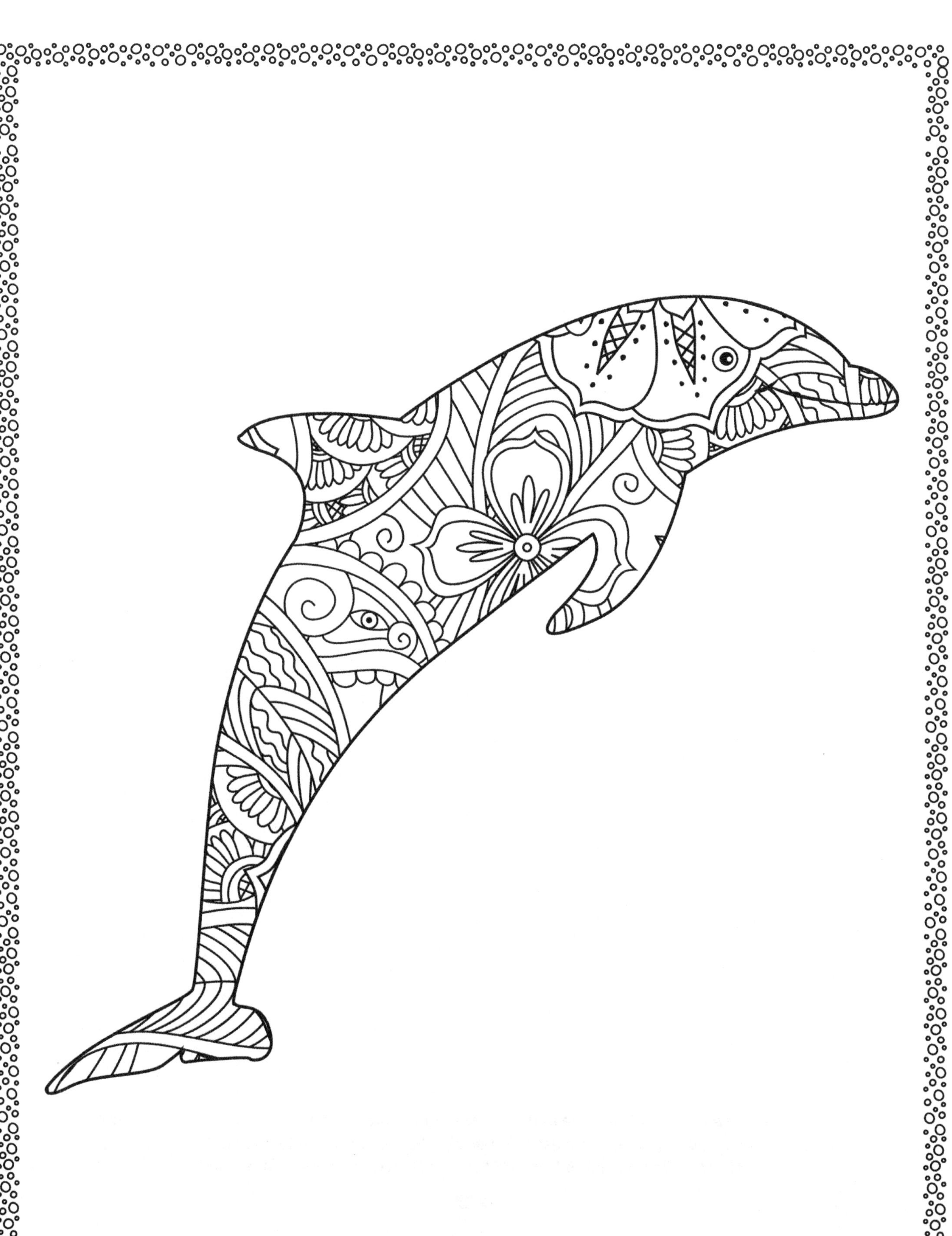

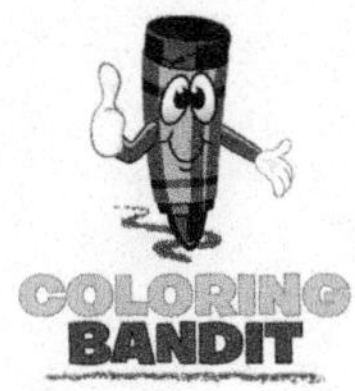

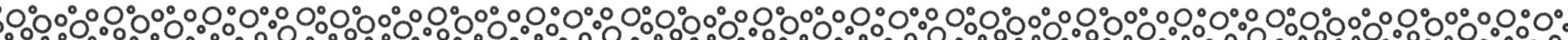

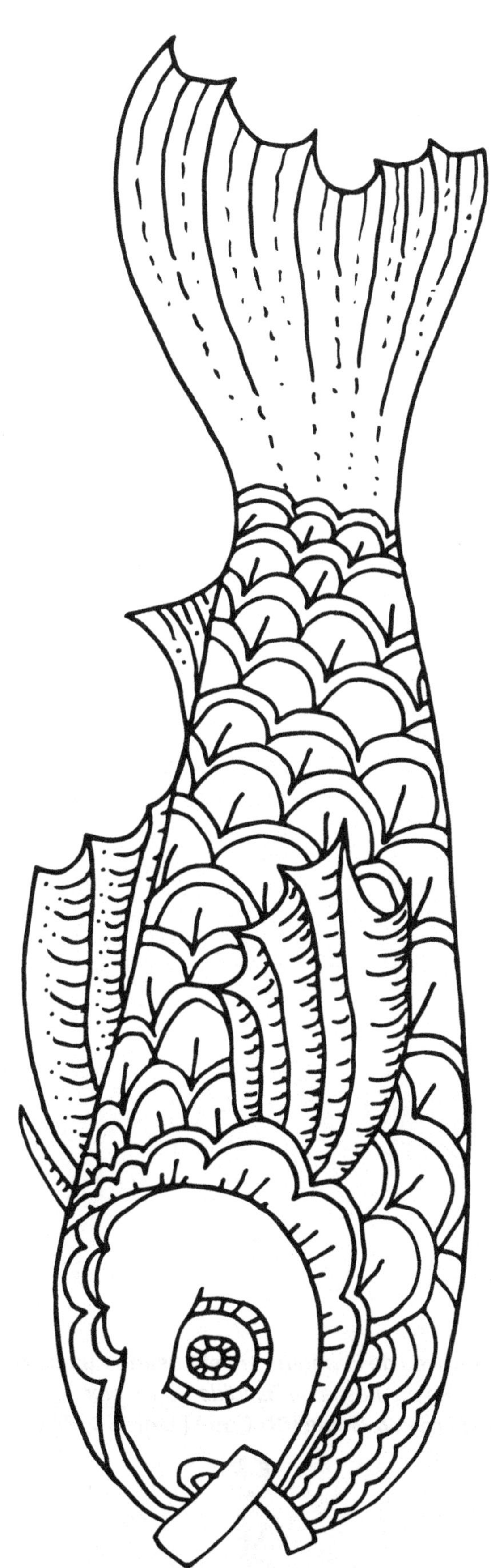

Se trata de un sangrado a través de la página si está usando un colorante marcador o pluma!
Encontrar otros títulos grandes por busca de <u>Bandido Para Colorear</u> en tu favorito libro minorista
Amazon.Ca | Barnes & Noble (BN.Com) | Libros 1 Millón (BAM.Com)

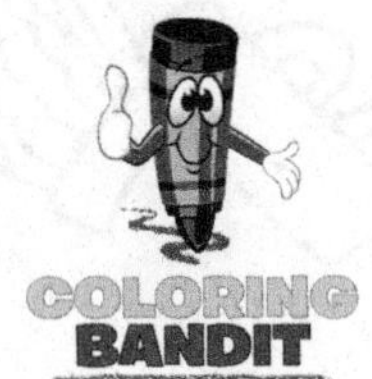

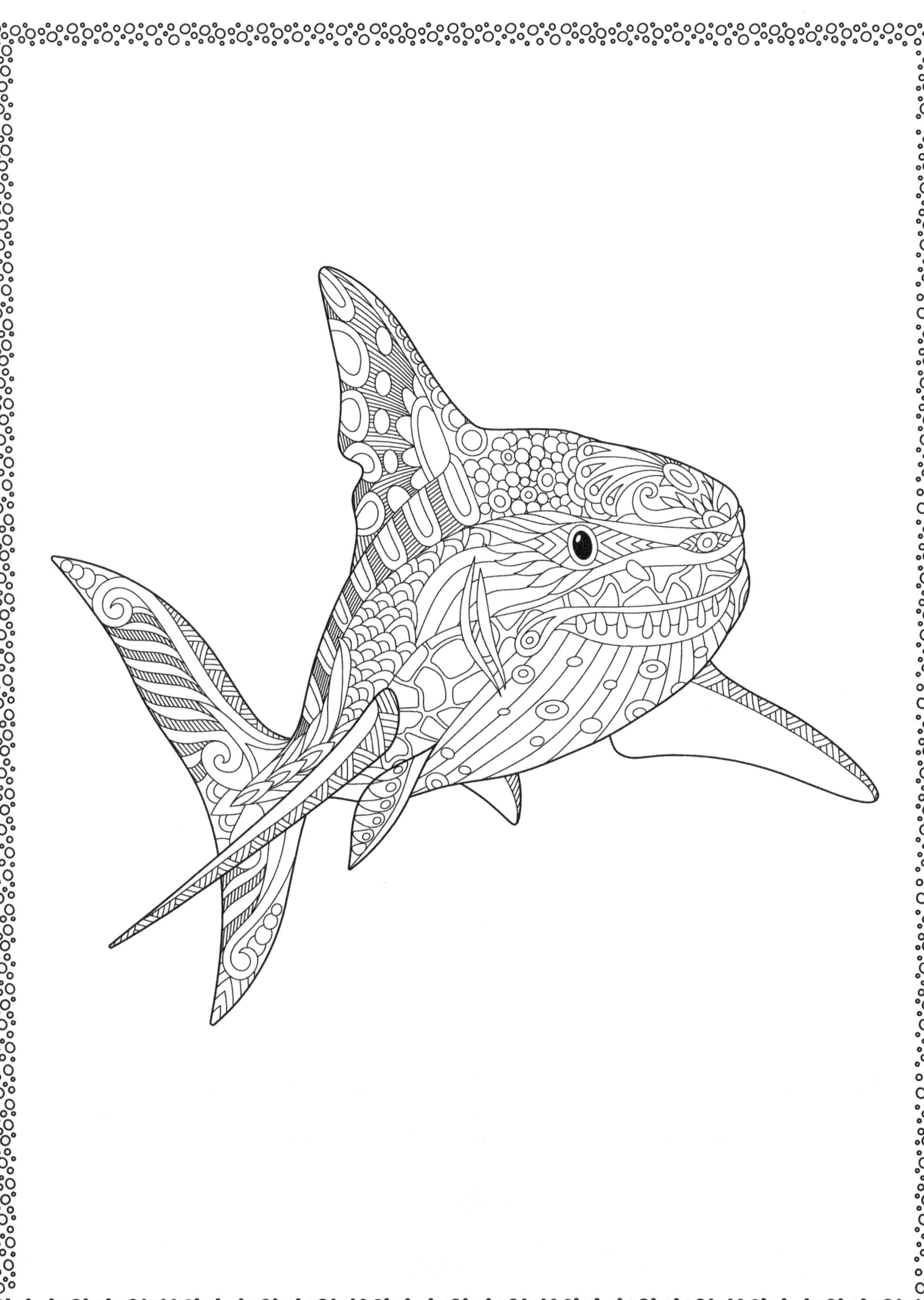

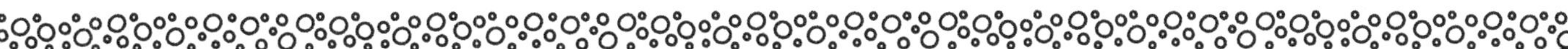

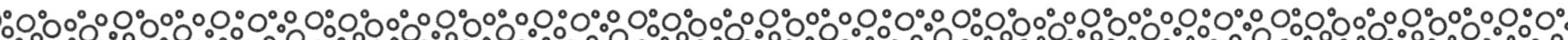

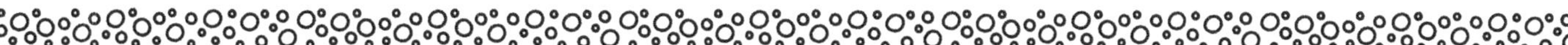

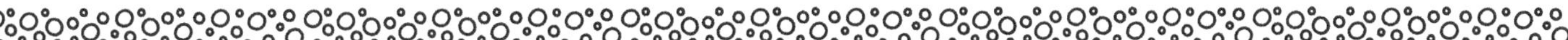

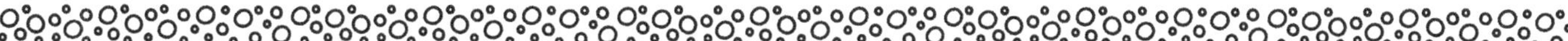

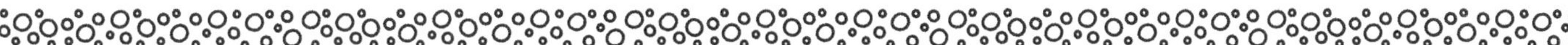

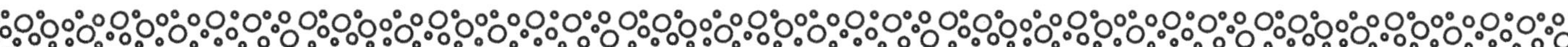
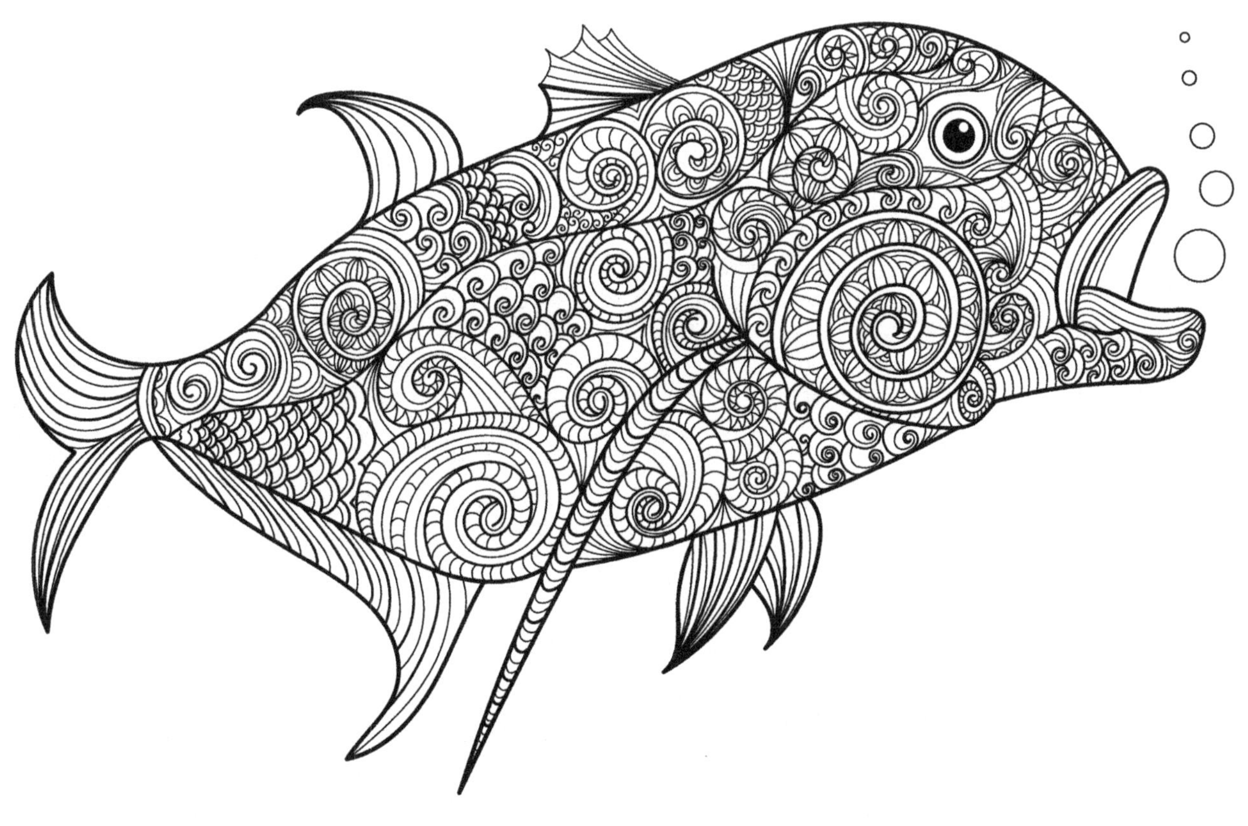

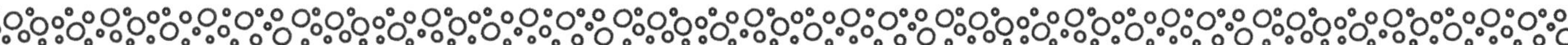

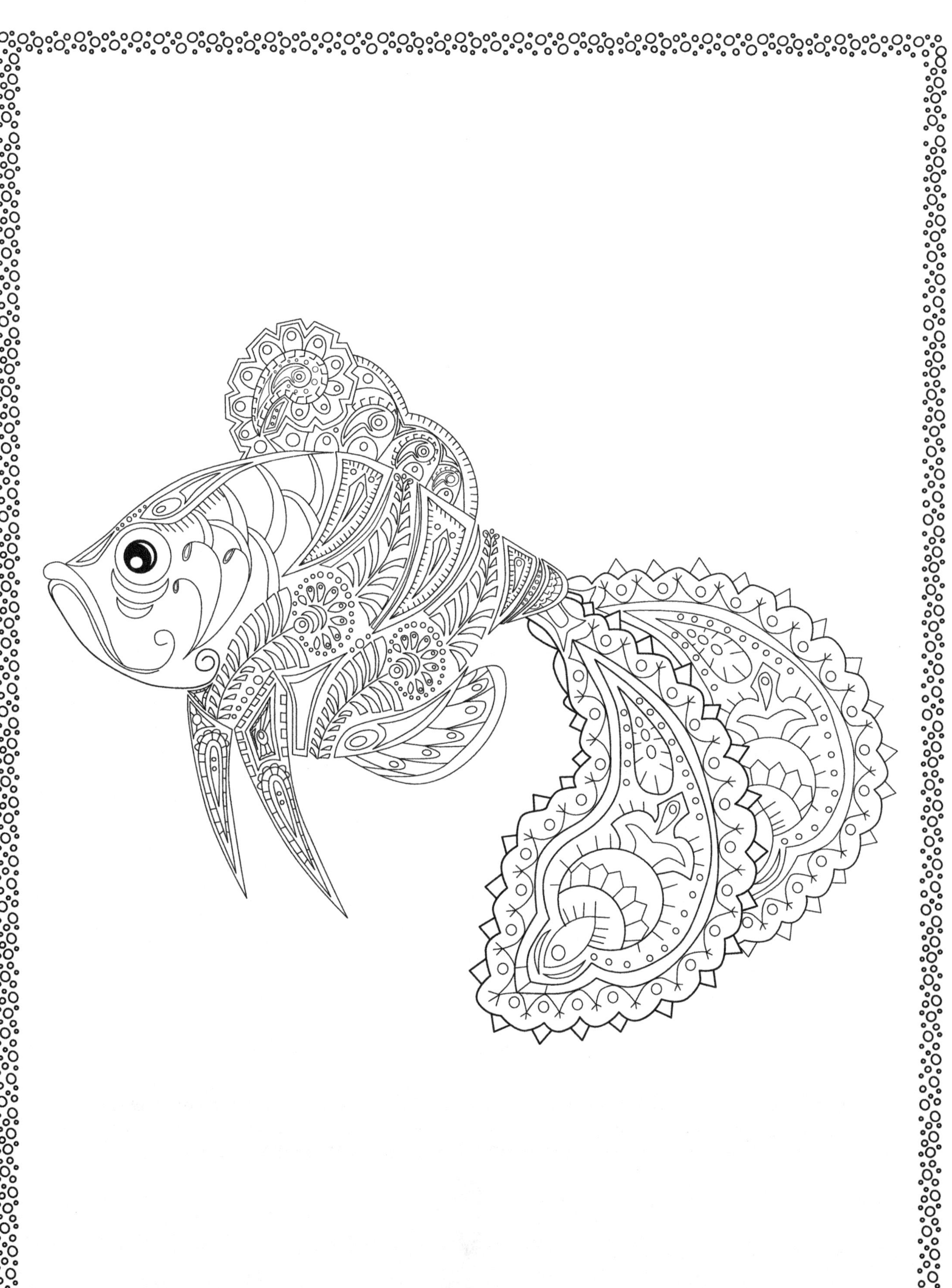

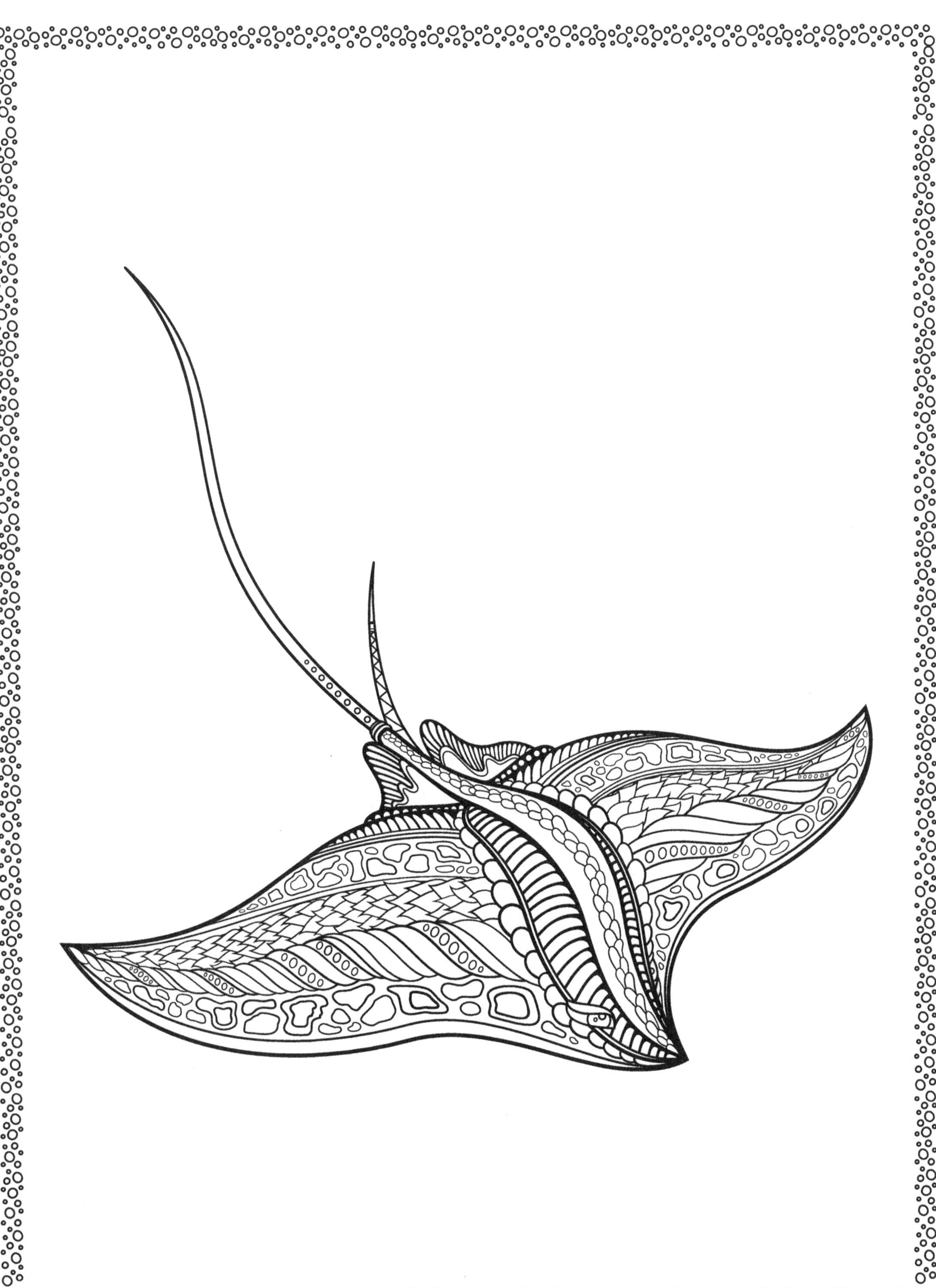

Made in the USA
Monee, IL
07 July 2026